北京市节水条例

中国法制出版社

北京市节水条例

BEIJING SHI JIESHUI TIAOLI

经销/新华书店

印刷/鸿博睿特（天津）印刷科技有限公司

开本/850 毫米×1168 毫米　32 开　　印张/1　字数/12 千

版次/2023 年 3 月第 1 版　　2023 年 3 月第 1 次印刷

中国法制出版社出版

书号 ISBN 978-7-5216-3365-8　　定价：6.00 元

北京市西城区西便门西里甲 16 号西便门办公区

邮政编码：100053　　传真：010-63141600

网址：http：//www.zgfzs.com　　**编辑部电话：010-63141673**

市场营销部电话：010-63141612　　**印务部电话：010-63141606**

（如有印装质量问题，请与本社印务部联系。）

目　　录

北京市人民代表大会常务委员会公告

〔十五届〕第 90 号

《北京市节水条例》已由北京市第十五届人民代表大会常务委员会第四十五次会议于 2022 年 11 月 25 日通过，现予公布，自 2023 年 3 月 1 日起施行。

北京市人民代表大会常务委员会

2022 年 11 月 25 日

北京市节水条例

目　　录

第一章　总　　则

第一条　为了推动全社会节水，提高水资源利用效率，形成节水型生产生活方式，保障水安全，促进经济社会高质量发展，根据《中华人民共和国水法》等法律、行政法规，结合本市实际情况，制定本条例。

第二条 本市行政区域内取水、供水、用水、排水及非常规水源利用全过程节水及其监督管理活动，适用本条例。

本条例所称节水，是指统筹生产、生活、生态用水，采取工程、管理、技术、经济等措施，控制用水总量，提高用水效率，扩大非常规水源利用，降低水资源消耗和损失，节约集约利用水资源的活动。

第三条 节水工作应当严格贯彻节水优先、空间均衡、系统治理、两手发力的治水思路，将水资源禀赋和承载能力作为经济社会发展的刚性约束条件，以水定城、以水定地、以水定人、以水定产，优化城乡空间布局和产业结构，严格控制人口规模，严格限制建设高耗水项目，落实最严格水资源管理制度。

节水工作应当遵循统一规划、总量控制、合理配置、高效利用、循环再生、分类管理的原则，建立政府主导、部门协同、行业管理、市场调节、公众参与的节水工作机制。

第四条 市、区人民政府应当加强对节水工作的领导，将节水工作纳入国民经济和社会发展规划和计划，制定节水政策措施，建立健全节水考核评价制度，推动农业节水增效、工业节水减排、城镇节水降损和污水资源化利用。

街道办事处和乡镇人民政府应当做好本辖区的节水工作，发现违反本条例的行为，应当予以制止，并向有关部门报告。

居民委员会、村民委员会协助街道办事处和乡镇人民政府开展节水相关工作。鼓励居民委员会、村民委员会将节水行为规范纳入居民公约、村规民约。

第五条 市、区水务部门负责本行政区域内节水工作的组织、协调、指导、监督。

发展改革、教育、财政、规划自然资源、生态环境、经济和信息化、住房城乡建设、卫生健康、市场监督管理、城市管理、农业农村、商务、广电、园林绿化、税务等有关部门按照职责分工做好相关的节水工作。

第六条 各级人民政府及有关部门应当加强水情、节水法律法规、节水知识的宣传教育，组织节水实践活动，开展世界水日、中国水周等主题宣传，增强全社会节水意识，营造人人参与节水的良好氛围。

第七条 任何单位和个人都有节水的义务。

本市对在节水工作中做出突出贡献的单位和个人，按照国家和本市有关规定给予表彰奖励。

第二章 规划与建设管控

第八条 市水务部门应当会同发展改革部门依据国家水资源配置方案和北京城市总体规划、国民经济和社会发展规划、水资源规划等，每五年组织制定全市水资源利用总量控制指标，明确水资源配置总量、水源构成、生产生活用水总量和河湖生态用水配置量等指标，报市人民政府批准后组织实施。

水务部门应当会同发展改革部门根据全市水资源利用总量控制指标、经济技术条件等，制定年度生产生活用水计划及水资源配置方案，报本级人民政府批准后组织实施。

第九条 市水务部门应当根据经济社会发展状况、水资源条件和节水工作需要组织编制全市节水规划，报市人民政府批准后组织实施；区水务部门应当依据全市节水规划，组织编制本区节水规划，报区人民政府批准后组织实施，并报市水务部门备案。经批准的节水规划不得擅自调整或者变更，确需调整或者变更的，应当经原批准机关批准。

第十条 本市建立水资源储备制度。

市水务部门应当会同发展改革、规划自然资源等部门根据气候状况、水资源条件等，确定水资源储备空间和储备水量，报市人民政府批准后组织实施。

水务部门应当会同规划自然资源、生态环境等部门采取河湖生态补水、水源置换、人工回灌补给等措施，建设海绵城市，逐步涵养地下水水源。

第十一条 编制分区规划、控制性详细规划和乡镇域规划、村庄规划等国土空间规划，编制部门应当进行水资源论证，将水资源条件作为城乡规划建设的刚性约束条件，明确区、街道、乡镇和村庄用水总量、节水措施和供排水等条件，并按照国家规定由水务部门组织技术审查。

编制国民经济和社会发展相关的农业、园林绿化、工业等需要进行水资源配置的专项规划、重大产业布局和开发区规划，以及涉及大规模用水或者实施后对水资源水生态造成重大影响的其他规划，编制部门应当进行水资源论证，明确用水总量和节水措施，并按照国家规定由水务部门组织技术审查。

第十二条 市水务、市场监督管理部门应当根据节水工作需要，组织有关行业主管部门制定和完善节水相关地方标准。

第十三条 本市相关行业产品生产和服务的用水定额由市有关行业主管部门组织编制，报市水务部门和市场监督管理部门审核同意；无行业主管部门的，由市水务部门会同市场监督管理部门组织编制。行业用水定额由市人民政府批准后向社会公布。

行业用水定额应当根据本市经济社会发展水平、水资源条件、供水能力、产业结构变化和产品技术进步等情况，适时进行评估和修订。

第十四条 市水务部门应当会同经济和信息化、商务等部门依照首都城市战略定位及水资源状况，制定本市高耗水工业和服务业行业目录。

市发展改革等部门拟订本市新增产业禁止限制目录应当将本市高耗水工业和服务业行业目录作为重要参考。

第十五条 新建、改建、扩建建设项目依法需要进行水资源论证、水土保持方案编制、洪水影响评价的，应当依法办理。

水务部门应当加强对新建、改建、扩建建设项目的分级分类管理，简化审批程序，对水资源论证、水土保持方案编制、洪水影响评价事项，具备条件的可以合并编制、办理，并统称为水影响评价。

第十六条 新建、改建、扩建建设项目，应当制订节水措施方案，配套建设节水设施，并将建设资金纳入项目总投资。节水设施应当与主体工程同时设计、同时施工、同时投入使用。规划设计单位应当按照国家和本市的节水标准和规范进行节水设施设计，并单独成册。

建设项目产权单位应当将已建成的再生水回用设施和雨水收集利用设施等节水设施情况报水务部门备案。

水务、规划自然资源、住房城乡建设等部门应当加强对节水设施设计、施工、验收的指导服务和监督检查。

第三章 全过程节水

第一节 取水过程节水

第十七条 本市统筹生产、生活、生态用水，实行多水源优化配置，优先满足城乡居民生活用水需求，鼓励利用雨水、再生水等非常规水源，合理开采地下水。

第十八条 直接从河流、湖泊或者地下取水的单位和个人，依法需要申请取水许可的，应当向水务部门申请。

取水单位和个人应当按照取水许可规定条件取水，准确计量，加强取水、输水工程设施管理维护，严格控制取水、输水损失。

取水许可有效期届满需要延续的，取水单位和个人应当依法提出延续申请。有效期届满未提出延续申请或者延续申请未获得批准的，水务部门依法注销取水许可证。

第十九条 地下工程建设、矿产资源开采疏干排水的，应当依照取水管理、地下水管理有关法律法规办理取水许可。疏干排水应当优先利用，无法利用的应当达标排放。

为保障地下工程施工安全和生产安全必须进行临时应急取（排）水的，不需要申请取水许可。取（排）水单位和个人应当于临时应急取（排）水结束后五个工作日内，向水务部门备案。

第二节　供水过程节水

第二十条　供水单位应当按照本市水资源调配工作要求，开展地下水水源置换，扩大地表水供水范围，限制开采地下水。

供水单位应当采用先进的制水技术、工艺和设备，提高制水效率和质量，回收利用工艺尾水，不得将尾水直接排入污水管网，制水损耗应当符合国家和本市有关规定。

第二十一条　新建、改建、扩建供水管网应当采用先进工艺和材质。

供水单位应当按照国家和本市有关规定对供水管网进行巡护、检查、维修、管理，并如实记录有关情况，应用先进技术手段提高供水管网安全监测及维护管理水平，减少破损事故发生，控制管网漏损。公共供水管网漏损率应当符合国家和本市有关规定。

供水单位应当及时回应 12345 市民服务热线等诉求，向社会公布抢修电话，发现漏损或者接到漏损报告时及时抢修。

第二十二条　供水管网超过使用年限或者工艺、材质不合格的，市、区人民政府应当制定改造计划，组织供水单位、物业服务人、用水户等有关单位和个人实施。

第二十三条 供水单位应当遵守下列规定：

（一）明确负责节水工作的机构或者人员，建立节水管理制度，确定节水目标；

（二）取水、供水过程安装水计量设施，建立健全水计量设施信息台账。具备智能远传条件的，安装在线远传水计量设施，并与水务部门数据共享；

（三）建立用水户及其用水信息数据库，并与水务等部门数据共享；

（四）按照国家和本市有关规定收费。

第二十四条 水务部门应当会同有关部门建立健全供水单位节水工作考核制度，将制水损耗、公共供水管网漏损率、信息共享与公开等纳入考核内容，考核结果作为节水工作奖励的参考。

第二十五条 新建、改建、扩建建设项目开工前，建设单位或者施工单位应当向供水单位查明地下供水管网情况，供水单位应当及时、准确提供相关情况。

施工影响公共供水管网安全的，建设单位或者施工单位应当与公共供水单位商定并采取相应的保护措施，由施工单位负责实施。

第三节　用水过程节水

第二十六条　本市对用水户实行分类管理，按照用水性质分为居民用水户、非居民用水户。

用水应当计量、缴费。

第二十七条　市发展改革部门应当会同财政、经济和信息化、城市管理、水务、园林绿化、农业农村、税务等部门根据经济社会发展状况、水资源条件、用水定额标准、供水成本、用水户承受能力等因素，建立健全有利于促进节水的差异化水价制度，完善水价形成机制，引导和促进全社会节水。

城镇居民生活用水和纳入城镇公共供水范围的农村生活用水实行阶梯水价，非居民用水实行超定额累进加价，特殊用水行业用水实行特殊水价。

第二十八条　居民用水户应当自觉遵守下列规定：

（一）了解水情水价，增强节水意识；

（二）学习节水知识，掌握节水方法，培养节水型生活方式；

（三）选用节水型生活用水器具并保障良好运行，不购买国家明令淘汰的落后的、耗水量高的设备和产品；

（四）积极配合节水改造，发现跑冒滴漏等情况及时维修。

居民生活用水确需变更为非居民用水的，居民用水户应当及时向供水单位报告，纳入非居民用水户管理，单独计量、缴费。

农村生活用水应当安装、使用水计量设施，不得免费供水或者实行包费制。

第二十九条 非居民用水户应当按照规定向供水单位提供基本信息、用水信息，并按照登记的用水性质用水，遵守定额管理、计划用水管理等制度，按时足额缴费。

本市对纳入取水许可管理的单位和用水量较大的非居民用水户用水实行计划用水管理和定额管理相结合的制度。水务部门按照年度生产生活用水计划、行业用水定额和用水户用水情况核算下达用水指标；无行业用水定额的，参照行业用水水平核算下达用水指标。用水可能超出用水指标时，水务部门应当给予警示；超出用水指标百分之二十的，水务部门应当督促、指导。具体办法由市水务部门会同发展改革、财政、税务等部门制定，报市人民政府批准后组织实施。

园林绿化、环境卫生、建筑施工等需要临时用水的，应当向水务部门申请临时用水指标。

第三十条　非居民用水户应当遵守下列规定：

（一）明确负责节水工作的机构或者人员；

（二）建立健全节水管理制度，开展节水宣传教育和培训，建设节水型单位；

（三）创造条件利用雨水、再生水等非常规水源；

（四）开展内部用水情况统计，实行两类以上不同用途用水分类装表计量和分级装表计量，加强水计量设施运行维护，建立用水台账；

（五）改造或者更换国家明令淘汰的落后的、耗水量高的技术、工艺、设备和产品；

（六）加强取用水设施设备的运行维护，保障节水设施正常运行，防止发生跑冒滴漏等情况。

第三十一条　非居民用水户应当按照国家和本市有关规定开展水平衡测试或者用水分析，并根据测试或者分析结果改进用水方式或者生产技术、工艺、设备和产品等。

第三十二条　禁止产生或者使用有毒有害物质的单位将其生产用水管网与供水管网直接连接；禁止将再生水、供暖等非饮用水管网与供水管网连接；禁止将雨水管网、污水管网、再生水管网混接。

禁止破坏或者损坏供水管网、雨水管网、污水管网、再生水管网及其附属设施。

第三十三条 市农业农村、园林绿化部门应当会同有关部门调整农业生产布局和林、牧、渔业用水结构，推进用水计量管理。

区人民政府应当根据本行政区域内的水资源状况，指导农业生产经营单位和个人合理调整农作物种植结构，发展高效益节水型农业，鼓励种植抗旱节水型农作物。

第三十四条 种植业应当采取管道输水、渠道防渗、喷灌、微灌等先进的节水灌溉方式，提高用水效率；鼓励非食用农产品生产使用再生水；养殖业应当使用节水器具。

第三十五条 园林绿化部门应当选择节水耐旱植物品种，优先使用雨水、再生水等非常规水源，逐步减少使用地下水、自来水。

园林绿化用水应当采用喷灌、微灌等节水灌溉方式；不具备节水灌溉条件的，应当采取其他节水措施，并有计划地组织开展节水改造。造林项目抚育期满后，由水务部门根据实际情况核算下达用水指标。

住宅小区、单位内部的景观用水禁止使用地下水、自来水。

第三十六条 工业用水应当采用先进技术、工艺、设备和产品，增加循环用水次数，提高水的重复利用率。水的重复利用率应当达到强制性标准。未达到强制性标准的，应当及时进行技术改造。

本市严格限制以水为主要原料的生产项目。对已有的以水为主要原料的生产企业，不再增加用水指标。纯净水生产企业产水率应当符合国家和本市有关规定。

以水为主要原料生成高纯度试剂的单位，应当采用节水型生产技术和工艺，减少水资源的损耗，回收利用生产后的尾水。

现场制售饮用水的单位和个人应当按照有关标准规范，安装尾水回收设施，对尾水进行利用，不得直接排放尾水，并依照本市有关规定向设施所在地卫生健康部门备案。

第三十七条 服务业用水单位应当制定并落实节水措施，按照规定安装、使用循环用水设施。

本市严格限制高尔夫球场、高档洗浴场所等高耗水服务业发展。高尔夫球场、人造滑雪场等高耗水服务业应当充分使用雨水、再生水等非常规水源。

第三十八条 提供洗车服务的用水户应当建设、使用循环用水设施，并向水务部门报送已建成循环用水设施的登记表；位于再生水输配管网覆盖范围内的，应当使用再生水，并按照要求向水务部门提供再生水供水合同。

第三十九条 任何单位和个人不得从园林绿化、环境卫生、消防等公共用水设施非法用水。

园林绿化、环境卫生、消防等公共用水设施的管理责任人应当加强日常巡查和维护管理，采取有效措施保障正常运行，防止水的渗漏、流失；发现浪费用水或者非法用水的，有权予以劝阻、制止；对劝阻、制止无效的，应当及时向水务部门报告。

第四十条 国家机关及使用财政性资金的事业单位、团体组织等应当加强内部节水管理，厉行节约，杜绝瓶装饮用水浪费等现象，带头使用节水产品和设备，建设节水型单位。

第四十一条 因重大或者特别重大突发事件影响正常供水的或者用水量达到日供水能力百分之九十时，经市人民政府批准，可以采取限制性用水措施。

第四节 非常规水源利用

第四十二条 水务部门应当组织再生水供水单位依据北京城市总体规划及相关专项规划，加快再生水管网建设，扩大再生水利用。

水务部门应当定期公布再生水输配管网覆盖范围和加水设施位置分布。

第四十三条 再生水输配管网覆盖范围内的用水户，符合下列情形之一的，应当使用再生水：

（一）园林绿化、环境卫生、建筑施工等行业用水；

（二）冷却用水、洗涤用水、工艺用水等工业生产用水；

（三）公共区域、住宅小区和单位内部的景观用水；

（四）降尘、道路清扫、车辆冲洗等其他市政杂用水。

具备再生水利用条件的非居民用水户，水务部门应当将再生水用量纳入其用水指标，同步合理减少其地下水、自来水的用水指标。

第四十四条 鼓励非居民用水户收集、循环使用或者回收使用设备冷却水、空调冷却水、锅炉冷凝水，循环利用率不低于国家和本市规定的标准。

第四十五条 新建、改建、扩建建设项目应当依照水土保持相关法律法规的有关规定配套建设雨水收集利用设施；鼓励已建成的工程项目补建雨水收集利用设施。

鼓励农村地区单位和个人因地制宜建设雨水收集利用设施。

第四章　保障与监督管理

第四十六条　市、区人民政府应当统筹财政、政府固定资产投资等相关资金，支持节水型社会建设、节水技术科研、农业节水技术推广、工业和服务业节水技术改造、地下水超采区综合治理、公共供水管网漏损控制、再生水利用等。

市、区人民政府及其有关部门应当制定鼓励合同节水管理的措施，在公共机构、公共建筑、高耗水工业和服务业、公共供水管网漏损控制等领域加以引导和推动。

鼓励和支持政府和社会资本合作项目，鼓励和引导社会资本参与节水项目建设和运营，鼓励金融机构对节水项目给予支持。

第四十七条　本市依照国家有关规定推进用水权改革，探索对公共供水管网内符合条件的用水户明晰用水权，依法进行交易。

第四十八条　鼓励和支持高等院校、科研院所、企事业单位、社会组织和个人开展先进适用的节水技术、工艺、设备和产品的研究开发和推广应用，培育和发展节水产业，充分发挥节水科技创新的支撑作用。

实行水效标识管理的产品生产者、销售者应当依法在产品及其包装物、说明书、网络商品交易主页等部位标注或者展示水效标识，对其准确性负责。禁止销售应当标注而未标注水效标识的产品，禁止伪造、冒用水效标识。

第四十九条 鼓励节水服务产业发展，支持节水服务企业与用水户签订节水管理合同，提供节水诊断、募集资本、技术改造、运行管理等服务，并可以节水效益分享等方式回收投资和获得合理利润。

支持节水服务企业开展节水咨询、设计、检测、认证、审计、水平衡测试、技术改造、运行管理等服务，提高节水服务市场化、专业化、规范化能力，改善服务质量。

第五十条 水务部门应当会同有关部门组织编制分类节水指南、制作宣传片等节水宣传材料，开展节水型社会、节水型城市建设，推广节水典型经验，普及科学的节水理念和方法。

国家机关和学校、医院、宾馆、车站、机场、公园等公共场所管理者、公共交通工具经营者应当在显著位置设置节水提示和宣传标识，加强节水宣传。

教育部门、学校、幼儿园应当将节水知识纳入教育、教学内容，对学生进行节水宣传教育。

广播、电视、报刊、互联网等新闻媒体应当加强节水公益宣传和舆论监督。

第五十一条 鼓励和支持供水单位、非居民用水户、居民委员会、村民委员会、物业服务人、农村管水组织、城镇供水协会、排水协会等组织开展节水宣传教育和培训等活动，健全节水社会化服务体系。

第五十二条 供水单位、用水户应当依法使用经检定合格的水计量设施（含远传水计量设施），并保持正常使用；不得擅自停止使用或者拆除水计量设施，不得破坏其准确度。

第五十三条 水务部门应当会同有关部门加强节水工作信息化建设，提升节水信息收集、传输、处理和利用的技术水平。

第五十四条 水务部门及有关部门应当依法履行节水监督管理职责，加强对纳入取水许可管理的单位、用水量较大的非居民用水户、特殊用水行业的日常监测和监督管理，对发现的浪费用水行为及时处理；需要有关部门配合的，应当实行联合检查。

第五十五条 水务部门的综合行政执法队伍履行节水监督检查职责，有权采取下列措施：

（一）进入现场开展检查，调查了解有关情况；

（二）要求被检查单位或者个人就节水有关问题作出说明；

（三）要求被检查单位或者个人提供有关文件、证照、资料，并有权复制；

（四）责令被检查单位或者个人停止违法行为，履行法定义务。

水务执法人员履行节水监督检查职责，应当主动出示行政执法证件。

有关单位或者个人应当配合节水监督检查工作，如实提供有关资料和情况，不得拒绝、拖延或者谎报情况，不得妨碍监督检查人员依法履行职责。

第五十六条 鼓励单位和个人向水务部门举报违反本条例的行为，水务部门接到举报后应当及时调查处理，并为举报人保密。

水务部门应当公布举报电话、信箱或者电子邮件地址，受理举报。对举报属实、提供主要线索和证据的举报人给予奖励。

第五十七条　水务部门应当会同有关部门建立节水信用管理制度，依法将对单位和个人的行政处罚信息等纳入本市公共信用信息平台；对严重浪费用水的，可以通过媒体曝光。

第五章　法律责任

第五十八条　违反本条例第二十一条第二款规定，供水单位未按照国家和本市有关规定对供水管网进行巡护、检查、维修、管理的，由水务部门责令限期改正，给予警告；逾期不改正的，处一万元以上十万元以下罚款；造成严重后果的，处十万元以上五十万元以下罚款。

第五十九条　违反本条例第二十五条第二款规定，建设单位或者施工单位未与公共供水单位商定并采取相应的保护措施的，由水务部门责令限期改正，给予警告；逾期不改正的，处二万元以上五万元以下罚款。

第六十条　违反本条例第二十八条第二款规定，居民生活用水变更为非居民用水未及时向供水单位报告的，由水务部门责令限期改正，按照相应的水价限期补缴水费；逾期不改正的，处应补缴水费一倍以上三倍以下罚款。

违反本条例第二十八条第三款规定，农村生活用水免费供水或者实行包费制的，由水务部门责令限期改正，给予警告；逾期不改正的，可以按照每户二百元以上五百元以下的标准处以罚款。农村生活用水未安装、使用水计量设施的，由乡镇人民政府责令限期改正。

第六十一条 违反本条例第二十九条第三款规定，用水单位未依法取得临时用水指标擅自用水的，由水务部门责令限期改正，处二万元以上十万元以下罚款。

第六十二条 违反本条例第三十条第六项规定，非居民用水户未保障节水设施正常运行，造成浪费用水的，由水务部门责令限期改正；逾期不改正的，处五万元以下罚款。

第六十三条 违反本条例第三十二条第一款规定，有下列行为之一的，由水务部门责令停止违法行为，限期恢复原状或者采取其他补救措施并承担相关费用，对单位处五万元以上十万元以下罚款，对个人处一万元以上五万元以下罚款：

（一）产生或者使用有毒有害物质的单位将其生产用水管网与供水管网直接连接的；

（二）将再生水、供暖等非饮用水管网与供水管网连接的；

（三）将雨水管网、污水管网、再生水管网混接的。

违反本条例第三十二条第二款规定，破坏或者损坏供水管网、雨水管网、污水管网、再生水管网及其附属设施的，由水务部门责令改正，恢复原状或者采取其他补救措施，处十万元以下罚款；造成严重后果的，处十万元以上三十万元以下罚款；造成损失的，依法承担赔偿责任；构成犯罪的，依法追究刑事责任。

第六十四条　违反本条例第三十五条第二款规定，园林绿化用水未采用节水灌溉方式或者未采取其他节水措施，造成浪费用水的，由水务部门责令限期改正；逾期不改正的，处一万元以上五万元以下罚款。

违反本条例第三十五条第三款规定，住宅小区、单位内部的景观用水使用地下水、自来水的，由水务部门责令限期改正；逾期不改正的，处一万元以上三万元以下罚款。

第六十五条　违反本条例第三十六条第一款、第二款规定，工业用水的重复利用率未达到强制性标准且未及时进行技术改造的，或者纯净水生产企业产水率不符合国家和本市有关规定的，由水务部门责令限期改正，处一万元以上十万元以下罚款。

违反本条例第三十六条第三款规定，以水为主要原料生成高纯度制剂的单位未回收利用生产后的尾水的，由水务部门责令限期改正，处一万元以上十万元以下罚款。

违反本条例第三十六条第四款规定，现场制售饮用水的单位或者个人未安装尾水回收设施对尾水进行利用的，由水务部门责令限期改正；逾期不改正的，责令拆除，处五千元以上二万元以下罚款；未按照规定备案的，由卫生健康部门责令限期改正；逾期不改正的，处一千元以上五千元以下罚款。

第六十六条 违反本条例第三十七条第一款规定，服务业用水单位未按照规定安装、使用循环用水设施的，由水务部门责令限期改正；逾期不改正的，处一千元以上一万元以下罚款。

第六十七条 违反本条例第三十八条规定，提供洗车服务的用水户未建设、使用循环用水设施或者未按照规定使用再生水的，由水务部门责令限期改正，给予警告；逾期不改正的，处一万元以上五万元以下罚款；未按照规定向水务部门报送已建成循环用水设施的登记表或者提供再生水供水合同的，由水务部门责令限期改正，给予警告；逾期不改正的，处一千元以下罚款。

第六十八条 违反本条例第三十九条第一款规定，从园林绿化、环境卫生、消防等公共用水设施非法用水的，由水务部门责令停止违法行为，对单位处一万元以上十万元以下罚款，对个人处一千元以上一万元以下罚款。

第六十九条 违反本条例第五十二条规定，供水单位、用水户擅自停止使用或者拆除水计量设施的，由水务部门责令限期改正，对单位处五千元以上二万元以下罚款，对个人处五百元以上五千元以下罚款；破坏水计量设施准确度的，由水务部门责令限期改正，可以处二千元以下罚款。

第六章 附 则

第七十条 本条例有关用语的含义：

（一）供水单位，是指从事城乡公共供水、自建设施供水的企业、组织。

（二）再生水，是指对通过污水管网收集的城乡一定区域范围内的污水进行净化处理，达到特定水质标准可实现循环利用的水。

（三）特殊用水行业，是指洗车业、高档洗浴业、纯净水生产、高尔夫球场、人造滑雪场等。

（四）高档洗浴场所，是指市商务部门会同有关部门制定并公布的大众便民浴池以外的洗浴场所。

第七十一条　本条例自 2023 年 3 月 1 日起施行。